这个你知道吗?

教科书里没有的常识 3

漫画与趣味故事完美结合的科学常识书

著：杨大盛　图：李东勋　译：李成鹤

中国大百科全书出版社

图书在版编目（CIP）数据

教科书里没有的常识.3 /（韩）杨大盛著；李成鹤译. --北京：中国大百科
全书出版社，2016.7

ISBN 978-7-5000-9889-8

Ⅰ.①教… Ⅱ.①杨… ②李… Ⅲ.①科学知识-少儿读物 Ⅳ.①Z228.1

中国版本图书馆CIP数据核字(2016)第125674号

北京市版权局著作权登记号　图字：01-2016-3730

2013韩国Kyelimbooks 出版有限公司版权所有

(2013 Kyelimbooks Publishing Co., Ltd. Korea)

责任编辑：王　宇

责任印制：李宝丰

中国大百科全书出版社 出版发行

地　址：北京阜成门北大街17号

邮　编：100037　电　话：010-68315606

网　址：http://www.ecph.com.cn

印　刷：青岛乐喜力科技发展有限公司

开　本：16　印　张：7.75　字　数：80千

2016年7月第1版　2019年1月第3次印刷

ISBN 978-7-5000-9889-8　定　价：35.00元

读书还是不读书，自古以来有不同的说法。

万般皆下品，唯有读书高；知识就是力量；读书改变命运；腹有诗书气自华……这是肯定的说法。

从来名士皆耽酒，自古英雄不读书；百无一用是书生；然则君之所读者，古人之糟粕已夫……这是另一类说法。

书是生活的记录，世界的映象。最大的快乐在于从书中重新发现世界，从世界与生活中体会书籍内涵。

但书是语言文字符号的载体，而不是直观的世界。书的长处与短处，都在这里。

符号的世界，已经充满了人的灵性、思维性、能动性、主体性，它有一种条理性、清明性、理想性、概括性、稳定性、集中性、强烈性、想象性、延伸性、创造性，中国老百姓的说法，叫作"白纸黑字"写着的，它的负责性与恒定性，都是其他媒介所达不到的。所以说，书是非读不可的。

完全沉浸在符号中，丧失了生活实感，当然也出丑，可悲。

为了开启民智，为了推行法治，为了"中国梦"的实现，必须读书。读书不可替代，经验、资格、勇敢、聪明、运气、财产，都不能代替读书。

读书正在受到挑战与考验。网络与多媒体正以它们的便捷性排挤人们的读书习惯。但是网络浏览不能代替深度攻读，音像制品不能代替手卷墨香；浅层次的直观，不能代替面对书籍的长考。

所以，我赞美人民文学出版社、中国大百科全书出版社、人民日报出版社、中国教育报、中视博尔乐（北京）传媒有限公司等联合推出的"核心阅读工程"计划，我相信这样一个宏大的工程，定能将我国的读书生活，开拓出一个新的局面。

王蒙

"核心阅读工程" 专家顾问团

总顾问：

柳 斌

专家顾问：（按音序排名）

陈 晖
北京师范大学文学院教授、博士生导师

程方平
中国人民大学教授、博士生导师，什刹海书院副院长

冯俊科
中共北京市委原副秘书长，北京市新闻出版局原局长，北京出版发行行业协会主席，首都出版发行联盟主席，作家

高登义
中国科学探险协会主席，中国科学院大气物理所研究员

海 飞
中国少年儿童新闻出版总社原社长兼总编辑，国际儿童读物联盟中国分会主席

韩映虹
天津师范大学教育科学学院学前教育系主任、教授、硕士生导师，天津市政府兼职督学

黄友义
国务院学位委员会委员，中国翻译协会常务副会长，中国翻译研究院副院长

金 波
儿童文学作家，国际安徒生奖提名获得者

鞠 萍
中央电视台少儿栏目制片人，青少年节目主持人

刘 兵
清华大学教授、博士生导师，著名"科学文化人"

刘海栖
山东省作家协会原副主席，中国作家协会会员，儿童文学作家，资深童书出版人

梅子涵
儿童文学作家，上海师范大学教授

苏立康
北京教育学院教授、中国教育学会中学语文教学专业委员会原理事长

王俊杰
中国科学院国家天文台项目首席科学家、研究员、博士生导师

位梦华
中国首次远征北极点科学考察队总领队，中国地震局地质研究所研究员

伍美珍
儿童文学作家，"阳光姐姐"，安徽大学儿童文学创研中心主任

徐明强
外文出版社原总编辑，美国长河出版社前CEO兼总编辑，资深翻译家，国务院特殊津贴获得者

杨九俊
江苏省教育学会会长，原江苏教育学研究院常务副院长、著名语文特级教师

杨 鹏
儿童文学作家及少年科幻作家，中国首位迪士尼签约作家，中国社科院文学所副研究员

杨学义
北京外国语大学原党委书记

张新洲
中国教育报副社长，人民教育家研究院院长

张之路
作家、剧作家，中国作家协会儿童文学委员会副主任，中国电影家协会儿童电影委员会会长

朱 进
北京天文馆馆长

目录

接电话的时候
为什么要说"您好"？

我们在打电话或接电话时，说的第一句话就是"您好"。

"您好"这一词是打电话或接电话的人默认的通用语。

固定电话首次投入使用时，每个人都对固定电话产生了浓厚的兴趣。因为，每个人都很好奇这个小小的机器是怎么传递远处声音的。

第一次使用电话的人在半期待、半好奇的心态之下，吐出来的第一句话就是"您好"。因为，他们也是第一次跟看不到的人进行对话，因此在语气上，以极为谨慎的"您好"一词尝试呼唤对方。另外，当时的电话信号还不太稳定，经常听不到对方的话。此时，人们会持续地说："您好、您好……"

就这样，"您好"这一词逐渐被大众所习惯并认可，最终成为电话"通用语"。

飞得越高离太阳越近，可为什么气温反而低了呢？

阳光灼烧大地与海洋，由大地与海洋散发热量，提高空气温度。

这就是离大地越远，气温越低的原因。

气温变化的最大原因就是阳光。

白天由于阳光的照射，气温升高，而晚上则是由于没有阳光，温度自然就会降低。

阳光一照，大地与海洋的温度就会升高。从两者散发出来的热量又会灼烧空气。因此，接近地面的空气温度就高，远离地面的空气温度就低。这就是离地面越远，气温就越低的直接原因。

阳光最晒的时间是中午12点左右，但气温最高的时间却是在下午2~3点。因为，大地和海洋散发热量灼烧空气所需的时间为2~3个小时。

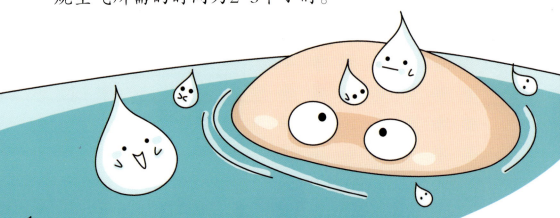

有能捕食昆虫和动物的植物吗?

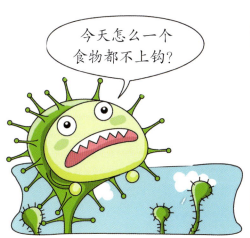

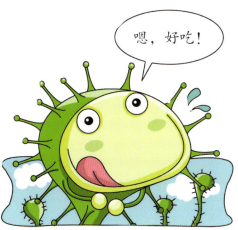

A 如毛毡苔、捕蝇草、北捕虫堇一样的植物都是以昆虫或小动物为食的。

你在电影或漫画里，见过以动物或人类为食的植物吗？

你想问怎么可能有这种植物？事实上，还真有。这种植物被称为食虫植物。

例如毛毡苔，只要有昆虫贴在它的叶子上，它就会立刻喷出黏液，防止猎物逃跑，然后昆虫会被慢慢溶解，最后被"吃"掉。

而捕蝇草则张开它那犹如捕兽夹一样的两片叶子，等昆虫进入叶内时，立刻"啪"地关上，然后进食。

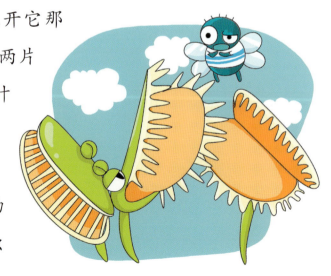

除上述食虫植物以外，还有北捕虫堇、猪笼草等。

指南针的红色指针
一直指向**北方**吗？

这是什么啊？

这就是指南针。

指南针的红针永远指向北方。

真的？

像这么胡乱摇晃的话，指针应该会指向别的地方吧？

呼，累死我了！再怎么使劲儿摇，还是指向同一个方向啊。

指南针的指针是由磁铁制造而成的。
而地球也是一个超大的磁石哦。
因此，指南针的红针始终会指向北方。

指南针的红针始终指向北方。

指南针的指针由磁铁制造而成。其红色指针跟磁棒一样，都是N极。

而地球也是一个超大的磁铁。地球的北极有着S极的性质，而南极则有N极的性质。

磁石有着不同磁性之间相互吸引的特点。因而，指南针的N极始终指向地球的S极，即北极。指南针的红针也是运用了这一原理，始终指向北极。

东方的龙和西方的龙有什么区别？

阿哲，干吗呢？

看漫画呢。

什么漫画？

《七龙珠》。

可你知道什么是西方龙，什么是东方龙吗？

它们两个不都一样吗？

啧啧。东方龙和西方龙是不一样的。

有什么不一样的，我看都差不多啊。

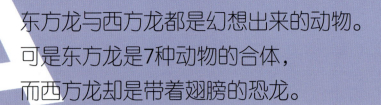

东方龙与西方龙都是幻想出来的动物。
可是东方龙是7种动物的合体，
而西方龙却是带着翅膀的恐龙。

东方龙与西方龙是有区别的。

通常，西方龙代表了邪恶，是一种带着翅膀的恐龙形象。在各类传说当中，西方龙总是以邪恶阵营的身份被英雄们所击杀。

但是，东方巨龙却与麒麟、玄武、凤凰等被一同视为神兽，有着鹿角、牛头、驴嘴、虾眼、象耳、鱼鳞、人须、蛇腹、凤足。东方巨龙有别于西方龙，它代表了神圣、权力以及力量，也象征着皇帝。

被酸雨淋到会掉头发吗？

A

酸雨虽然有着诸多危害，
但还没有证实是否会使人掉头发。

汽车的排放物与工厂的烟雾中含有二氧化硫、氮氧化物等污染物质。含有这类污染物质的雨被称为酸雨。

当酸雨进入植物叶内，或渗入植物根系后，将破坏营养成分，使植物死亡。酸雨还会通过污染水或泥土，杀死鱼群，破坏农作物，并腐蚀我们所住的房屋或建筑，缩短其寿命。当然，酸雨也会对人体有害。

很多人应该听说过，淋到酸雨会掉头发，最后变成光头。但这一点却尚未得到科学证实。

我们为什么长得像爸爸和妈妈？

这是朋友与他们父亲的照片。
找一找父子，用线将他们连在一起吧。

A 我们的长相很像父母的原因在于体内含有遗传因子。因为，遗传因子内部含有决定人体形态的信息。

父母个儿矮时，儿子或女儿也跟着个儿矮的情况很多。另外，父母的头发为卷发的情况下，子女同样为卷发的概率很高。就这样，我们和自己的父母有着诸多的相似点。

那为什么我们长得很像自己的父母呢？这都是由于我们遗传了父母的遗传因子。遗传因子内部含有决定人体形态的遗传信息。之所以像自己的父母，就是因为我们从他们身上获得了这些遗传因子。

牙签鸟在鳄鱼嘴里做什么？

鳄鱼和牙签鸟保持着互利共存的关系。牙签鸟靠吃鳄鱼嘴中的食物残渣而活，鳄鱼也多亏它才能清理牙齿。

动物或植物均无法独立生存，它们需要相互协助，互利共赢。这种种类不一的动物或植物之间的互助关系被称为共生。

体现共生关系的代表性动物包括鳄鱼和牙签鸟。绝大多数的动物都很怕鳄鱼，但牙签鸟除外。每天，牙签鸟都会数次进入鳄鱼的嘴里，吃掉食物残渣。鳄鱼知道牙签鸟是在帮自己清理嘴里的残渣，所以不会吃它。

存在这种共生关系的，还有蚜虫和蚂蚁、水牛与白鹭、海葵与寄居蟹等。

牙膏是用什么做的?

17

A 牙膏内部含有清理牙齿、使其光泽的成分。

我们所使用的牙膏，其中含有多种成分，如清理牙齿表面的污垢，使其光泽的成分（研磨剂）；产生泡沫，轻松去除污垢的成分（发泡剂）等。除此之外，还有提供适量水分的成分，以及维持牙膏的均衡性与稳定性的成分。

依靠这类成分，牙膏才能实现防蛀牙、清理牙齿、祛除异味等功效。

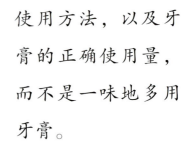

但是，想要使牙齿保持干净、坚固，就需要知晓牙刷的正确使用方法，以及牙膏的正确使用量，而不是一味地多用牙膏。

超市里结账的时候
扫描货物的东西是什么?

嘀!

90块钱。

这儿有。

妈,为什么我们买的东西那个机器一扫就能算出价格啊?

因为所有物品上都贴着电脑可识别的标签。

8 8041360548

这个标签就是电脑可识别的标志。

这种标志被称为条形码。
这个细小的条形码可表示国家编号、
公司编号、产品编号。

在超市或百货店，当你仔细观察摆设的商品时，就能在上面发现黑色、细长的木棍形图表。这个图表下方还标有数字，这就是条形码。

条形码并非单纯的木棍图片，而是由黑色木棍和白色空隙形成特定的模样，表现了某种文字和数字及标记。条形码可以表示出商品所代表的国家、公司，以及种类。因此，只要用设备扫描一下条形码，就能知晓这个商品的信息。

超市或百货店的付款台上，就有可阅读这类标记的设备，它被称为条码扫描器。只要用条码扫描器扫一下条形码，电脑就会显示出该商品的名称与价格。

蜂巢为什么是正六边形？

A
因为，正六边形构造
所需的材料消耗最少，也最坚固。

蜜蜂不仅勤劳，还是卓越的建筑大师。每一个蜂巢都是大小统一的正六边形小屋的集合体。那问题来了，为什么要摆成正六边形呢？

因为，正六边形的房屋没有空隙且足够坚固。能够实现连接无间隙的图案有正三角形、正四边形、正六边形。但是，其中正四边形不够坚固，只要稍微动一动两边就会摇晃。因此刮风时，蜂蜜或卵非常不安全。正三角形虽然坚固，但材料消耗方面是正六边形的两倍以上。

现在，大家知道为什么蜜蜂被称为建筑大师了吧？

云朵也有名字吗？

A 云朵通常分为十大类。
除此之外，也有极为特殊的云朵。

云朵的种类分为以下几种。

（1）**卷　云：**形如白丝或羽毛。出现时刻为从晴转阴的起始
　　　　　　阶段。

（2）**卷积云：**由呈白色细波、鳞片或球状细小云块组成的云
　　　　　　片或云层，常排列成行或成群。

（3）**卷层云：**白色透明的云幕，日、月透过云幕时轮廓分明，
　　　　　　地物有影，常有晕环。

（4）**高积云：**云块较小，轮廓分明，在厚薄、形状上有很大
　　　　　　差异，薄的云块呈白色，能见日月轮廓，厚的
　　　　　　云块呈暗灰色，日月轮廓分辨不清。

（5）**高层云：**带有条纹或纤缕结构的云幕，有时较均匀，颜
　　　　　　色灰白或灰色，有时微带蓝色。

（6）**雨　云：**不规则的黑色云朵，出现后将下雨。

（7）**层积云：**云块一般较大，常在雨前或雨后出现。

（8）**层　云：**形似雾，常于下着雨的山间
　　　　　　或晴天凌晨的平野地带出现。

（9）**积　云：**云体垂直向上发展，顶部呈
　　　　　　圆弧形，底部呈水平状。经
　　　　　　常在夏季晴天的下午出现。

（10）**积雨云：**引发闪电雷鸣，可降下雷
　　　　　　雨或冰雹。

龟和鳖有什么区别？

乌龟壳很硬，而鳖壳却相对较软。
另外，乌龟在陆地和水里生活，
但鳖几乎是在水里生活的。

乌龟和鳖在长相和缓慢行走等方面很相似，所以无法一眼分辨出来。其实，两者都属于龟科动物。因此可以说，鳖是乌龟的一种。

乌龟有很多种类。全世界约有240种乌龟。比如，生活在海底的海龟，以及生活在河流或沼泽中的乌龟等。大小方面，大的长度可超过一米，小的则只有几厘米。

鳖虽属乌龟的一种，但与一般的乌龟稍有不同。乌龟壳很硬，而鳖壳却很软。另外，其栖息地也不一样。乌龟一般是在陆海两地生活，但鳖却只在产卵的时候回到陆地，其余时光均是在水里度过的。

鳖

乌龟

为什么会出现涨潮与退潮?

原来现在是退潮期啊。

海水没了。

爸,这里好多贝壳。

涨潮期到了,海水正过来呢。

呃?刚刚明明没有水的啊?

海水为什么会时多时少呢?

A

涨潮与退潮的形成原因是
月亮对海水的吸引力。

到了海边，大家就能看到海浪以及重复进退运动的海水。其中，海浪是由海风引起的。那涨潮与退潮也是因为海风吗？

涨潮与退潮的引导者不是海风，而是月亮。月亮始终在绕着地球转，两者之间存在着一股吸引力。正是由于这股吸引力，月亮才能一直围绕地球旋转，而不是飞向宇宙。

大海移动的原因也正是这股吸引力。有些小朋友会问："那为什么山和地面不会移动呢？"那是因为它们太重了，吸引力根本就撼动不了它们。退潮时，大海并没有消失，而是被月亮拉到其他地方去了。

想要得到别人的尊重，
首先要尊重别人。

A

关于说话礼仪的谚语有很多。

关于说话礼仪的谚语之所以那么多，是因为我们说的每一句话都有可能影响别人的心情。一句话，有可能酿成很严重的后果哦。

关于说话礼仪的一些谚语列举如下：

枯树无果实，空话无价值。

劳动暖身，空话冷心。

空勺塞到嘴边没味道，空话听到耳里没味道。

说起话来没个完，一见干活就摇头。

聪明人用成果说话，傻瓜才用舌头吹牛。

牛无力拉横耙，人无理说横话。

一句话可以抵过千两债。

长了十张嘴也说不清。

世界上最初的
雨量计是什么？

我是测量下雨量的设备哦。

这次的雨好小哦。

这么大的暴雨，有可能引发洪水。得赶紧通知人类避难。

哎哟，我都已经500多岁了啊。

我是1441年制造而成的。

我是世界首台雨量计，比西方人制造的第一台雨量计整整早了150年。

您比我们大150岁，称您为大哥一点也不为过啊。

好吧。

Q⁺ 猜猜我是谁？

31

我是世界上首台可测量雨量的雨量计哦。

　　很久以前，人类为了知晓下雨量，尝试挖坑查看有多少雨渗透进入了大地。这种方法显然无法获得准确的数据，因为雨水透入大地的程度不一样，或者有些泥土的表面虽然是干的，但内部却是湿的。

　　世界上最早的雨量计就是为了克服这种困难、准确测量雨水量而被创造出来的。朝鲜于1441年发明了圆筒形雨量计，是通过测量桶里的水量确定下雨量的设备。

　　这台雨量计相比西方人制造的第一台雨量计早了整整150年，为世界首台雨量计。

测量气温的**百叶箱**为什么是白色的？

Q⁺ 在白色箱子里放温度计的原因是什么呢？

A 百叶箱的作用是将阳光、高度、风力调整到一定的条件，再以内部的温度计精确测量气温。

气温是指空气的温度。可空气的温度会根据周围的条件而发生改变。即便是地面上方的空气，随着高度的提升，温度也会慢慢下降。另外，阳面的温度高于阴面的温度。因此，测量气温的前提是维持一定的条件。

我们在日常生活当中所说的气温是指离地面1.5米高的温度。百叶箱里面的温度计同样是放在这个高度上。

另外，百叶箱的颜色之所以是白色，是因为黑色或其他颜色会吸收阳光，使箱子内的气温上升。且为了通风，在百叶箱的墙壁上留下了一些缝隙。

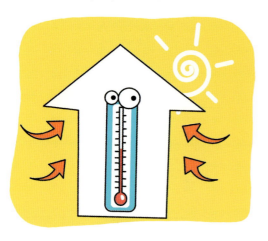

只有在这种条件之下才能测出精确的气温。大家现在明白为什么要将温度计放进百叶箱了吧。

天气变化的原因是什么？

天气每天都在变。有冷天，有热天，有雨天……风或云朵也是天天在变。

Q⁺ 以下选项中，哪个是改变天气的最大原因呢？

1. 山与海

2. 地球的重力

3. 太阳与地球的空气

4. 月亮与星星们

A 正确答案是3。
天气变化的最大原因
是太阳和地球的空气。

　　天气变化的最大原因是太阳和地球的空气。假如没了它们两个，就不会出现现在这样的天气了。

　　气温指的是空气的温度。当空气因阳光受热，气温就会上升，反之则会下降。云朵也是水因阳光受热、蒸发后，聚集在空气中的产物。当云朵越来越重，落向地面时，假如遇到暖空气就会成为雨，遇到冷空气就会成为雪。

　　风也是太阳与空气的杰作。受到阳光照射的暖空气会往上升，而冷空气则往下降。当暖空气往上升时，其他的风就会趁机钻进这个空隙，这种空气极速流动的产物就是风。

最先发明指南针的
是哪个国家?

Q⁺ 哪一个是发明指南针的国家?

我们中国早在1 000年前就开始使用指南针了。

1. 中国

我是哥伦布。我国要是没有发明指南针,我也不可能发现新大陆。

2. 意大利

阿拉伯数字和指南针都是我们发明出来的。

3. 印度

这是蒋英实发明的指南针。

4. 韩国

A

正确答案是1。

指南针是11世纪由中国发明的。

首次使用指南针的国家是11世纪的中国。那时的中国，将磁铁贴在很轻的芦苇或树叶之后放于水面，以此判断方位。有时，也用线缠住磁石，以此判断方位。中国人将这种挂在丝线或芦苇上的磁铁称之为指南针。指南针意指总是指向南方的铁，这是因为当时的中国人使用磁铁的目的就是为了确定南方的方位。

指南针与造纸术、火药及印刷术并称为中国的四大发明。其后，指南针传至欧洲，遍及世界。

在我们的生活中用磁铁制作的东西有什么？

Q⁺ 以下4幅图片中，哪一幅图片没有利用磁铁？

没有磁铁，我们就看不到录像。

1. 电视或录像磁带

磁铁有益人体健康哦。

2. 以健康为目的的磁石项链或磁性床垫

发电也要靠我们这些磁铁哦。

3. 发电站

轮胎里面也有磁铁，要不没法动哦。

4. 汽车轮胎

答案是4，汽车轮胎是不需要磁铁的。
磁铁广泛运用于录像磁带、磁石项链、发电站、
磁悬浮列车等诸多领域。

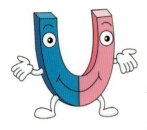

在我们的日常生活当中，磁铁的作用
很多，对我们的帮助很大。开瓶器上的
磁铁可以使开瓶器贴在冰箱上，而冰箱
门上的磁铁可以帮助我们轻松关上冰箱门。磁铁不仅
对电视机或录音带的作用很大，就连我们的身体也会
受到良性影响。因此，才会出现磁石项链或磁性床垫。

不仅如此，发电站在发电的时候也需要磁铁，能
够悬浮在地面上的悬浮列车也是利用了磁铁的力量。

另外，现金卡等各类卡片，
以及电脑光盘皆是利用磁铁制
成的。

空气由哪些气体组成？

Q 空气由多种气体构成。空气中含量最多的气体是哪一个？

1. 氧气

人类与动物没有我可生存不了。因此，空气中应该数我最多。

2. 氮

空气的大部分都是我，氮。

3. 二氧化碳

人类与动物呼气的时候就会把我吐出来。那么多人和动物吐出二氧化碳，你说得有多少？

4. 水蒸气

天上的云朵可都是由水蒸气构成的。而且，一般的空气当中也有许多的水蒸气哦。

A 答案是2。
氮占据了空气的约78%。

空气是指环绕地球的气体。空气并非单独形成的，而是由氮、氧气、二氧化碳、氩、水蒸气等各类气体构成。

其中，氮占了空气的约78%，我们呼吸的氧气则占了约21%，其余为二氧化碳、氩、水蒸气、氖、氦等气体。可以说，氮与氧气占据了绝大部分的空气。这个比例不受地区与天气影响，始终恒定。

风大时为什么很难灭火？

昨晚发生了山火。

哗 哗 哗！

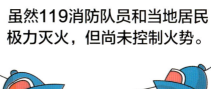

虽然119消防队员和当地居民极力灭火，但尚未控制火势。

山风刮得太大，导致灭火工作极为艰难。

风不是能灭火吗？怎么反过来啦？

氧气多，火就会烧得更旺。刮风正好提供了更多的氧气，使火势越来越旺。

就算柴火再多，但只要缺了空气就点不着火。事实上，就连汽油也无法在真空状态下燃烧。

在空气当中，有助火势的气体就是氧气，氧气越多，火势越大，反之越小。

烧柴火时，大家应该看过大人一般都是用嘴"呼气"或摇扇子。这就是为了增加空气中的氧气量，使火更好地燃起来。

如爆发山火这类大型火灾时，风就像呼气或摇扇子一样，会助长火势的蔓延。

没有指南针
也能知道**方位**吗？

就算没有指南针，也可以通过太阳、月亮、树、影子、房屋确定方位。

就算没有指南针，也有很多种方法可以确认方位。其中，最简单的方法就是看太阳，太阳升起的方向就是东，而下落的方向就是西。树也可以辨别方位。树叶茂盛的方位以及年轮间隔较宽的方位就是南方。另外我国房屋中，许多窗户或门都是向南开的。

还有就是利用影子。在一个平地上插一根木棍，然后在木棍影子末端的地面上标记一下，然后等10~20分钟，再在影子末端的地面上标记一下，用线连接两点成直线。这时，一开始标记的点就是西边，之后标记的那一点就是东边。

晚上，北极星所在处就是北方。北极星位于北斗七星末端两颗星星不远（这两颗星星间距的4倍距离）的位置。

臭氧层被破坏会怎么样？

Q 以下关于臭氧层的内容，哪一个是正确的？

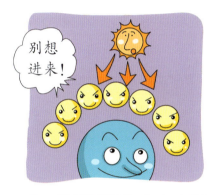

1. 臭氧层吸收来自太阳的有害紫外线。

2. 臭氧层阻止空气飞向宇宙。

3. 臭氧层阻挡来自宇宙的陨石或石块。

4. 臭氧层具有降雨能力。

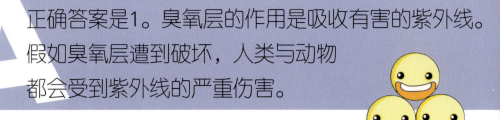

正确答案是1。臭氧层的作用是吸收有害的紫外线。假如臭氧层遭到破坏，人类与动物都会受到紫外线的严重伤害。

臭氧层是指能够吸收紫外线的大气层。太阳会散发紫外线、红外线、可视光线等各类光线，但这些光线并非都是对人体有益的。比如，紫外线就是破坏生物细胞的有害光线。幸好，臭氧层阻隔了大部分紫外线，保护着所有的生物。

但是，空气污染正一点点破坏着臭氧层。等臭氧层全部消失，所有生物就将直面紫外线。到那时，人类将患上皮肤癌和影响视力的白内障，动物和植物的生长、农作物的收成均会受到影响。另外，对紫外线极其敏感的浮游植物数量将会下降，海底的生态系统会被破坏。

用放大镜观察雪
是什么样子的？

Q⁺ 雪放大的话，是什么模样呢？

1. 四方　　**2.** 三角　　**3.** 圆　　**4.** 六边形

A

正确答案是4。

很多人可能觉得雪是圆的，但仔细一看的话，就会发现它是六边形的。

　　雪花不是圆的，而是六边形的。1611年一位叫开普勒的天文学家从科学的角度证明了这一点。

　　那，为什么雪是六边形的呢？

　　雪是小冰粒群紧贴在云朵内的细小灰尘上，逐渐向外延伸扩散的产物。冰粒与冰粒结合时，会向着6个方向扩张。除了雪以外，冰也是六边形哦。雪和冰之所以呈六边形，是因为水粒转变为冰粒时，其基础造型为正六边形。

睡觉的时候为什么要闭眼睛？

睡觉时，我们是闭着眼睛的。
那，所有动物睡觉的时候也像人类一样
闭着眼睛吗？

Q⁺ 以下说明中，哪一个是正确的呢？

1. 所有的动物睡觉时都会闭眼。

2. 也有睁着眼睛睡觉的动物。

我睡觉的时候是睁着眼睛的。

答案是2。水里的鱼儿睡觉时，都是睁着眼睛的。人类之所以闭着眼睛睡觉，是为了保护眼睛，缓解眼部疲劳。

并非所有的动物都是闭着眼睡觉的。比如，水里的鱼儿就由于眼皮不发达而无法闭眼。不仅如此，在水中生活的动物很多都是睁着眼睛睡觉的。

那人类为什么要闭着眼睛睡觉呢？

外界的所有事物都需要我们用眼去看。我们知晓的所有事物当中，90%是用眼睛去确认的，而需要用嘴或耳朵、鼻子、皮肤确认的事物很少。睡觉时，之所以闭眼，就是为了保护这珍贵的眼睛。

另外，睡觉也是为了休息。可要是睁着眼睛睡觉，就会看到很多东西，影响睡眠质量。因此，睡觉时我们才会选择闭眼。

海水为什么是蓝色的？

Q⁺ 海水看起来是蓝色的真正原因是什么？

1. 海水本来就是蓝色的。

2. 海水是因为海浪经常与岩石撞在一起而变成蓝色的。

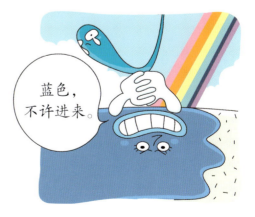

3. 蓝色天空照映在水中，使海水看起来像蓝色的。

4. 海水吸收其他颜色，只反射蓝色，所以看起来是蓝色的。

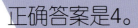正确答案是4。

大海呈蓝色的原因是海水只反射光线中的蓝色光。

水是透明的，可为什么大海是蓝色的呢？

那是因为海水反射蓝色，吸收其他颜色。7种光线当中，越接近红色，就越容易被海水吸收；而越接近蓝色，就越容易被海水反射、扩散。正是因为只有蓝色被反射出去，而其他颜色均被海水吸收，所以大海在我们眼里才会呈蓝色。

但是，为什么浅水是透明的，而只有深水才会呈蓝色呢？因为，水深只有达到30米或超过30米才能真正吸收其他颜色。

有时，海水会呈浅红色，这是由于海底的小生物造成的，与光线无关。

打哈欠的时候
为什么会流眼泪?

银希,干吗哭啊?发生了什么事?是不是被老师训了?

我没哭啊。

那你那眼泪是怎么弄的?

这都是困的。

困就困呗,至于掉眼泪吗?

这是打哈欠的时候冒出来的。

打哈欠时，之所以会流出眼泪，是因为脸部肌肉移动的过程中，会狠狠地挤压泪囊使泪囊中的眼泪溢出来。

在我们的认知里，只有在伤心的时候才会流下眼泪。但为了洗清进入眼中的灰尘和细菌，眼泪其实一直在流，只不过是量太少，我们很难察觉到而已。

那为什么一打哈欠就会流眼泪呢？

眼泪是由眼皮上方的泪腺制造出来的。当眼泪清理完我们眼中的异物之后，就会聚集在泪囊里。但是，当打哈欠时，由于脸部肌肉狠狠地挤压泪囊，就导致内部的眼泪溢出，这就是一打哈欠就流眼泪的原因。张大嘴放声大笑时，也是因为这种原理而流下眼泪的。

合成洗剂对江河、土地的污染比肥皂更严重吗?

Q⁺ 以下两项，哪一个是正确的?

1. 相比肥皂，合成洗剂、洗发精对环境的污染度更高。合成洗剂或洗发精无法在下水处理厂得到净化，只能原原本本地流入大海或江中，形成污染。

2. 肥皂和合成洗剂的污染程度是相等的。两者都冒泡，都用于洗衣服。合成洗剂只是肥皂弄成粉末后的产物，两者对环境的污染程度绝对是一样的。

正确答案是1。

合成洗剂或洗发精无法在下水处理厂得到净化，只能原原本本地流入大海或江中，形成污染。

让我们少用合成洗剂吧！

在工厂或家中使用完之后排出的水称之为下水。下水中，包含了许多污染物质以及污垢。因此，在将其倒入大海或江河之前，必须进行净化处理。

江河、大海也有自净能力。自净能力作为自行清理污垢物质的能力，可以使下水得到一定的净化。

合成洗剂与常规的肥皂不一样，它混合了从石油内部提取的化学物质，即便是在下水处理厂也无法彻底净化。甚至，合成洗剂会阻碍江河、大海的自净能力，形成严重的污染。因此，希望大家尽可能少用合成洗剂。

古代也有冲水坐便吗？

一放假，我就去奶奶那儿玩。

奶奶！

嗯，阿哲来啦。进来吧。

多吃点。

一到奶奶那里，就能吃到很多好吃的。

还可以在附近的河边玩水。
但有一点不好，就是洗手间。

没有坐便器，我就拉不出来。

那也不能往酱缸里拉啊。

A

尿壶就是以前的坐便器哦。

从前的洗手间与现在的洗手间有着很大的区别。以前就是挖个坑，然后在上面放个木板。所以，以前的洗手间内总有股臭味，且不干净，因此常建在离住处较远、人迹罕见的位置。

可是，因为洗手间离得远，晚上起来想尿个尿也很麻烦，所以人们创造出了尿壶。

尿壶一般放置在房间的一角或地板上，晚上想尿尿时，就蹲在上面。简单来说，尿壶就是家中的简易洗手间。

月亮离地球有多远?
它又有多大呢?

当我们望向月亮时,其大小和位置皆与太阳相似。
但真是这样吗?

Q⁺ 月亮离地球有多远? 它又有多大呢?

1. 月亮与地球的距离和太阳与地球的距离相似,月亮与太阳的大小相似。

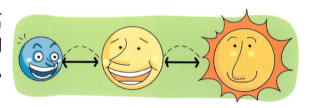

2. 月亮与地球的距离,和太阳与地球的距离相似, 但月亮比太阳小很多。

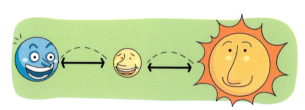

3. 月亮与地球之间的距离远比太阳与地球的距离近,月亮与太阳的大小相似。

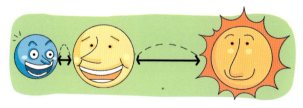

4. 月亮与地球之间的距离远比太阳与地球的距离近, 但月亮比太阳小很多。

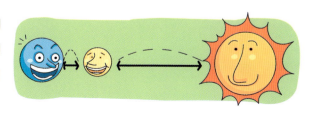

正确答案是4。
月亮与地球之间的距离远比太阳与地球的距离近，但月亮比太阳小很多。

　　月亮的直径还不到地球直径的四分之一，而太阳的直径比地球大109倍。所以，太阳的大小是月亮所无法企及的。

　　可为什么月亮看起来与太阳的大小差不多呢？那是由于太阳比月亮离我们远太多。

　　月亮与地球的距离差不多是38.44万千米，这个距离真的是很远。但是，太阳与地球的距离却是这个数值的400多倍。这就是为什么太阳体积那么大，但看起来却跟月亮差不多大的原因。

　　就像地球围绕太阳转动一样，月亮也是围绕地球转动的。但是，月亮不像太阳那样能够自行发光。那为什么我们能看到月光呢？这是月亮反射了太阳的光。

医生们用听诊器的作用是什么？

来，把上衣提起来。

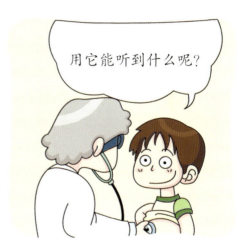

用它能听到什么呢？

当然是阿哲身上发出来的声音了。

您真能听到身体里发出来的声音？

啊！那"咕噜噜"的饥饿声是不是超大？

什么？

听诊器可以听到心脏、肺、动脉、肠子
发出来的声音，以此确认身体有没有异常。

一般去医院的时候，医生会先用听诊器检查。听
诊器可以听到身体内部发出的细微声音。当医生辨别
这些声音、发现一些异常时，就会进入其他的检查或
诊断环节。因此，听诊器虽然无法判断准确的病情，
却是诊断所必需的重要设备。

听诊器的发明者是拉埃内克。某一天，拉埃内克散
步的时候，看到一个儿童轻敲圆木的一端，另一个儿童
在圆木的另一端倾听，这就是他发明听诊器的灵感。之
后，拉埃内克抓起一沓纸，将其卷成管状，放在患者的
胸口听声音。这就是听诊器的最初形态。

耳朵是怎么听到声音的？

下面的图片就是我们的耳内形态。

是不是很复杂？

我们的耳内大致有三种器官。

三个互相垂直的半规管、前庭、形如蜗牛的耳蜗。

这三个器官各司其职，互不干扰。

Q⁺ 在耳朵里，负责听声音的地方在哪里？

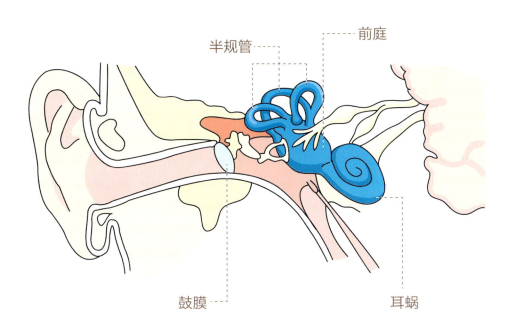

半规管　　前庭

鼓膜　　耳蜗

耳朵内部

A

耳内，形如蜗牛的耳蜗
就是让我们听到声音的地方。

耳蜗长得是不是很像蜗牛？耳蜗是直径不到1厘米的小器官。但是，没有它，我们就分辨不了任何声音。

在通过耳蜗之前，所有的声音都只是空气的震动。不同的声音，只不过是不同幅度及大小的空气颤动罢了。耳蜗内部有着负责听力的听细胞。颤动的空气通过耳蜗时，听细胞就会将其转化为信号，发送至大脑，以此分辨不同的声音。

那半规管和前庭有什么作用呢？这两个器官是负责人体平衡的。正因为有了这两个器官，我们才能正常站立，骑自行车的时候也不会歪倒。

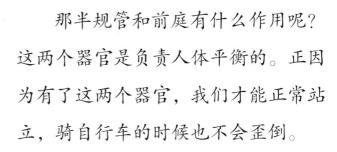

观察树的年轮就能知道
数百年前的气候吗？

通过年轮，不仅可以知晓树木的年龄，还能判断出很久以前的气候或当时的状况。

春夏季节，树木的生长是极为旺盛的。可一到冬季树木就会停止生长，安静地度过这个季节。年轮就是因夏冬两季的生长速度差异而形成的。因此，我们可以通过年轮，判断树木的年龄。

通过年轮，还可以知晓很久以前的气候或当时的状况。因为树木会随着气温、雨量等气候，以及当地的状况，产生不同的生长规律。假如发生了山火，年轮上就会留下被熏黑的痕迹。就这样，树木的历史痕迹会以年轮的形式保存下来。学者们为了了解历史气候或状况，也会对树木的年轮进行研究。

电灯为什么会发光？

蜡烛通过燃烧而发光。

篝火随着木头的燃烧而
发出烟雾与光。

煤气灶同样是通过煤气
的燃烧而发出光与热。

我们周围的蜡烛、篝火、煤气灶都是通过燃烧发出光与
热的。

可是，电灯却可以在不燃烧的情况下发出光芒。

白炽灯是电流流入电灯内的灯丝，加热至2 000度以上而产生光的。

电灯是1879年由美国的爱迪生发明的。爱迪生发明的首款电灯是在真空状态下的玻璃球内，电流将灯丝加热到白炽状态，使之发光。

那，电灯具体的发光原理是什么呢？

电灯内只有灯丝而没有空气，就算有，也只是少量的氮或氩。当电流进入灯丝时，将产生2 000度以上的高温，加热灯丝而产生光亮。

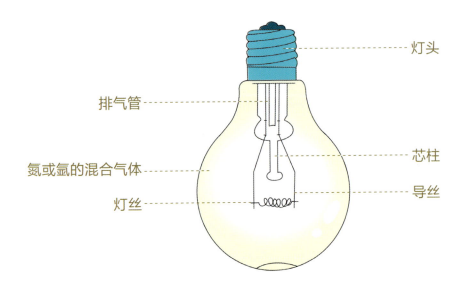

灯头

排气管

芯柱

氮或氩的混合气体

导丝

灯丝

白炽灯的结构

表的指针为什么从左向右转？

大家看过田径赛或赛马吗？
比赛时，选手皆是从赛场的右侧转
向左侧，这被称为逆时针方向。可
为什么要将从左侧转向右侧的方向
称为顺时针方向呢？

时钟之所以从左往右转
是由于古代的日晷。

顺时针方向是指从左往右转。全世界所有的钟表都是从左往右转的。

时钟之所以从左往右转，是由于古代的日晷。日晷是公元前10~前8世纪由埃及创造的。其原理就是利用太阳的投影方向来测定并划分时刻。

埃及属于北半球国家，而北半球的时针影子是从左往右移动的。因此，之后的所有时针都统一成了日晷的影子移动的方向。

假设，日晷是由南半球国家创造的，那今天的时针方向有可能是从右往左哦。

棉花糖是怎么做出来的？

啊，是棉花糖。妈，给我买棉花糖！

哇，原来棉花糖是这么做出来的啊。

大叔，棉花糖是用什么做出来的啊？

有白砂糖就可以了。

往极速转动的小桶内放入白砂糖。等白砂糖融化后，就会通过小洞往外喷出。在喷出的过程中，白砂糖将迅速降温，呈丝状。这些丝的聚集物就是棉花糖。

嗡

大家应该有在幼儿园或游乐园里看过棉花糖机器吧？机器外围包裹着一个大桶，内部则是极速转动的小桶。将白砂糖倒入小桶，就会变成丝状，然后飞入大桶内。这时，只要用一根棍子缠住这些丝状砂糖，就成棉花糖了。

那，砂糖为什么会变成丝状呢？

小桶内设有诸多小孔，以及发热线圈。当倒入白砂糖时，白砂糖受到发热线圈的影响，开始融化。可由于小桶始终在快速转动，因此受热的砂糖会通过小孔，并迅速脱离小桶，飞出来。

等白砂糖温度下降后，就会呈丝状。这些丝状砂糖的聚集物就是棉花糖了。

农业种植是**从什么时候开始的**？

作为人类食物的重要来源，农业的重要性不言而喻。
就算社会多么发达，人类也不能放弃农耕。
改变的，只是农耕的方法。

农业种植是从什么时候开始的？还有，人们是从什么时候开始利用动物或工具的呢？

A 农业种植的起源可以追溯到新石器时代，约一万年之前。

主要利用石头作为工具的时代被称为石器时代。

石器时代又分为旧石器时代与新石器时代。

砸碎或分离石头用作道具的时代——旧石器时代的人类尚未实现农耕。那个时期，食物的来源主要来自狩猎或摘吃水果。

到了约一万年前的新石器时代，人类才开始正式使用石具（用石头制造而成的工具），农耕也是始于此时。这个时代的农耕，也只是简单地用木棍挖坑，撒种。

另外，在新石器时代后期，人类开始圈养猪狗等动物。

麦田怪圈是外星人做的吗？

以下图片皆是田野上出现的麦田怪圈。
很多人都认为这是外星人的杰作。

1946年，英国的某个麦田上出现了首个麦田怪圈。之后的20世纪80年代，麦田怪圈在世界各地频繁出现。

麦田怪圈有几点神秘之处。

首先，图案极为精细、复杂，但又没有发现有人进来过的痕迹。这些图案犹如麦田里的谷物自行躺倒而形成一般。

另外，有不少人说自己在麦田怪圈的周围目击过UFO，因此很多人猜测这会不会是外星人的杰作。但至今无人证实。

或许，这只是人为的玩笑。事实上，确实有人弄出过与麦田怪圈一模一样的闹剧。

年龄大了为什么会长白头发？

黑色素会随着年龄的增长而减少，
导致出现白头发。

我们的头发之所以是黑色，皆是由于黑色素的存在。

黑色素是制造黑色的色素。黑人的黑色皮肤就是由于黑色素较多形成的，而白人的皮肤也是因为黑色素较少而变白。

头发也是一样。黑色素多，就会长黑头发；少则长褐色或黄色头发。

黄种人的黑色头发，就是由于体内的黑色素多而产生的。可随着年龄增长，进入发丝内的黑色素就会越来越少，使发丝逐渐成为空心状。当空气进入空心的发丝时，人的头发就会呈白色。

圆形地球下方的人

不会掉下去的原因是什么?

这是因为，地球在拽我们。

地球是圆的，且每天都会转一圈，每年会绕太阳一周。但是，我们却完全感受不到地球在转动。即便是在地球的下方，也不会掉下去。

这是因为地球一直在拽着我们。地球始终依靠中心的强大吸力，拉拽着地面上的所有物体。这就是地球的引力。

假如没有引力，我们就无法生存，大海或岩石都会悬浮在空中。

我们之所以能在地球上生存，皆是因为有引力拉扯着地球上的空气和水，以及所有动物。

82

电脑是什么时候发明的？
第一台电脑有多大呢？

第一台电脑是1946年制造的ENI-AC计算机。

可是，这台电脑体积太大了，跟一间大教室的大小等同。

可以说，现在电脑已经分布在了世界的每一个角落。家、学校、银行、办公室、地铁站、火车站、巴士客运站、便利店等，皆离不开电脑。

现在的电脑和一开始出现的电脑差异很大。第一台电脑为1946年制造的ENI-AC计算机，但它的体积太大了，足以比拟一间大教室。而且，其零部件也非常昂贵，并且需要经常更换。不仅如此，当时的电脑散热系统落后，很难长时间使用。可由于它的运算速度很快，因而受到很多人的青睐。

船是怎么在大海里找到路的？

Q⁺ 以下两个说明中，正确的是哪一个？

1. 船只的移动路线是固定的。

如果不固定，那在这茫茫的大海中，有可能发生各种事故。

2. 大海上没有固定的路线。

在大海上创造一条路是不可能的事。因此，船只不是按照既定的路线走，而是经常换路。

A 正确答案是1。
船只移动的路线是固定的。

　　一望无际的大海上，船只是不会盲目移动的。船只也跟汽车一样，有着自己的既定路线。这条路线被称为航路。

　　船只步入大海时，会受到港口的无线指令。港口会利用雷达确认船只的位置，然后引导船只往正确的方向行进。当附近有其他船只时，也会及时提醒。当船只远离港口时，港口甚至是人工卫星都会指引船只。

　　不存在卫星或无线设备的古代，船只都是按照既定路线行进，并根据地图寻找路线。

照片能保存多长时间？

妈妈，这个孩子是谁啊？

他就是你爸。

哈哈哈！爸爸小时候长得真难看。

照片褪色了不少啊。

确实感觉有点怪怪的。

是啊。时间长了，照片也会褪色的。

照片按照正确保管方式保管的话，其寿命可以达到50~100年。

很久以前，照片是将胶片放入相机之后，拍照并洗出来的。这些洗出来的照片对光和空气很敏感。比方说，被光线照射，或与大量的空气碰触，照片就会快速变色。因而，保存照片时，一定要将其放在没有光线和空气的地方。我们常用的相册可以使照片保存50~100年。

但是，最近流行的数码相机所照的照片就杜绝了上面的问题。因为，我们可以将照片保存到电脑里，且随时可以洗出来，也方便发送给他人。

地图是谁发明的?

Q⁺ 以下图片中，哪一位是真正发明地图的人呢?

这下终于可以找到家了。

这就是我绘制的世界第一份地图。

1. 人类存在的时代就已经出现了地图，由古代原始人发明。

2. 古希腊，一个叫阿纳斯曼德洛斯的人发明了地图。

我一生都在钻研地图。

韩国的地图是由国立地理院创造的。

3. 地图由绘制大东舆地图的金正浩发明。

4. 韩国国立地理院首次绘制出地图。

A 答案是1。
人类出现的那个时代就已经出现了地图。
当然只是最原始的地图。

人类出现的那个时代，地图就已经出现了。原始时代，人类一开始就算发现了猎物或水果的聚集地，也很难记住发现的路线。为此，他们开始试着画出路线图，这就是原始的地图。

我们无法通过遗留下的历史地图，确认最古老的地图到底是哪一幅。因为，我们很难分辨那些地图到底是一幅画还是地图。很多人都认为自己判断的那个地图才是最古老的。

在众多说法中，约4 500年前绘制的巴比伦帝国地图为最古老地图的论说最多。这幅地图绘制在一个被阳光晒干的泥地上。地图四周由大海围绕，而中间则有一个圆盘形的陆地，其中心的首都就是巴比伦。当时的巴比伦人认为，巴比伦的周围就是世界的全部，因此没有画出其他大陆或国家。

古人认为地球是什么形状的？

古人一直认为地球是平的，而不是圆的。

因此，他们误以为抵达大海的尽头后，就会摔下去。

现今，没有人会怀疑地球是圆的。但是，古人却不这么想。因为，在他们眼里看到的是一个平坦的地形。

古人还认为，大海的尽头是悬崖，到了尽头就会掉下去。

因此，当哥伦布提议从反方向寻找印度时，很多人反对，因为他们认定正反方向都是悬崖。

古人的这种思维，从历史地图中就能找到根据。因为，很久以前的欧洲地图，不仅以欧洲作为中心绘制，其形状也是方形或圆形。某些地图甚至在大海的尽头画上了伊甸园。

有从下往上长的冰锥吗？

A 冰锥一般情况下都是从上往下长的，但也不是没有从下往上长的冰锥。

　　我们平时看到的冰锥都是从上往下长的。大家只要仔细看一段时间，就会发现冰锥是从开始的小冰锥逐渐变大的。这是因为屋顶的水流下来层层冻住而形成的。

　　但是，当你去韩国全罗北道镇安的马耳山时，就会看到从下往上长的冰锥。很多人看到此景后，都会惊叹，大喊神奇。其实，这与水的性质有关。

　　通常，水是从表面的边缘开始受冻的。这时，表面的中央会出现洞口，且随着水被冻住，体积增大，尚未冰冻的水会受到这股压力的影响，从洞口溢出。溢出的水同样会从边缘开始受冻，重复上一个过程。等冰柱上方的洞口被堵后，一个完整的冰锥就形成了。

为什么 海水 不能喝?

海水喝得越多，越会加快体内的水分流失，使体内水分越发稀少。

酷热的夏天，就算再渴也不能去喝海水。为什么呢？这不是因为海水有毒或无味，而是因为含在海水内的盐。

我们身体需要保持一定量的盐分。当体内的盐分超标时，需要多喝水，以降低盐分。所以，食物太咸时，我们就会猛喝水，通过尿液排放盐分。同样的道理，当我们喝含有高盐分的海水时，就需要排放更多的尿液，这就直接导致了体内水分的减少。因此，喝大量的海水会使体内水分降低，最终危及生命。

镜子是怎么做出来的？

A 在玻璃板上涂抹水银，再抹一层防潮湿的药物，这就是镜子。

镜子是有光滑的平面、能照出我们形象的物品。镜子之所以能照出我们，是因为镜子可以反射光线。简单来说，就是镜子可以原原本本地复制出光线照出的任何东西。

现在的镜子，是在玻璃的背面涂抹了一层水银。另外，有些镜面上涂抹了一层锡或汞齐。但以前却没有这种镜子。

最开始的镜子其实是水。很久很久以前，人类是用水面倒映出的身影确认自己的。

那之后，人类开始用金属当镜子。比如，磨平银、青铜、铁等的表面，使其发光照出人影。

跆拳道 是谁在什么时候
创造的一种武术？

哇！
跆拳道
好帅！

你知道
跆拳道是
什么吗？

那不就是
韩国最具
代表性的
武术吗？

我问的是，
跆拳道是什么样
的武术，是什么时候
出现的？

跆拳道是原始时代人类为了与猛兽搏斗而创造出来的武艺。跆拳道不是单纯的打斗技术，而是注重精神修炼的武术。

跆拳道自2000年悉尼奥运会开始成为正式项目。实际上，全世界已经有超过7 000万人在学跆拳道哦。

虽然我们尚无法考究跆拳道的创始年月，但原始

时代的人类为了保护自己而与猛兽搏斗的练习可以说是它的前身。经过岁月的积累，最终进阶成为当今的跆拳道。

跆拳道，又称为君子武术，只因修炼跆拳道是一种锻炼人格的过程。

盲人怎么读书？

我们用双眼看着这个世界。

有了眼睛，我们才能行走、读书。

如果眼睛没了，连行走都会变得极为艰难，

更别提读书了。

只因，什么都看不见。

但是，失去双眼的盲人却可以读书。

盲人是通过手的触摸来读书的，
因为我们手指的压点极其发达。

人类的皮肤是存在压点的。压点可以让我们分辨出柔软或坚硬。有了压点，我们就算闭上眼睛，也能触摸出大致的轮廓。这些压点中，手指末端的压点尤其多。

可是，盲人的压点要比正常人的压点发达得多。专为盲人制定的书籍，就是利用了这一触感，使盲人只要按按手指，就能感觉出那是什么字。在厚纸上，按照一定的方式排列突点的书籍就是所谓的盲文书。

屁为什么是臭的？

屁是大肠里的食物碎渣散发出的气体，
所以气味臭。

我们吃下去的食物碎渣全部堆积在大肠里，然而在那里还有很多各种各样的细菌。这些细菌腐蚀食物碎渣，制造出气味刺鼻的气体。这种气体与体内的空气一同排出体外，就形成了屁。

有意思的是，屁的气味每次都不一样。即使是同一个人放的屁，也是有时臭，有时不臭。那是因为屁的气味随我们吃下去的食物而变化，与仅食用米饭和泡菜时相比，吃了肉以后放的屁更臭。

此外，年龄越大，放的屁越臭。

过年为什么给孩子压岁钱？

长辈们为了让晚辈养成储蓄的习惯，
所以才给晚辈压岁钱的。

阴历一月一日，也就是新年的第一天叫作春节。春节早上，大家会穿上新衣服，祭祀祖先，并会向长辈们拜年，送上新年的第一声问候。晚辈不仅向父母拜年，而且还要给亲戚、邻居的长辈们拜年。

长辈们对拜年的孩子们说些祝福的话，然后还会给他们压岁钱。可是为什么给压岁钱呢？是拜年行礼的代价吗？

据说在很久以前，长辈们给压岁钱的本意是让晚辈养成储蓄的习惯，让他们用那个钱买鸡蛋，鸡蛋变成鸡，用鸡换小牛，最后再用牛购置田地。

运动后为什么会呼吸急促？

运动后，我们体内的二氧化碳增多。
我们为了快点吸收氧气、排出二氧化碳，
所以才会呼吸急促。

　　人在睡觉或躺着的时候，一分钟只要有8.8升的空气即可。然而步行则需要26升，跑步时的空气需求量为55升，约为步行的两倍。

　　运动后呼吸急促的原因就是身体需要更多的空气，人必须快速呼吸，一次性吸吐大量空气，才能吸入更多的氧气，快速排出体内的二氧化碳。运动后身体会变健康，同时肺部也会变得更结实，因为肺部也在为了吸吐更多的空气而努力运动。

耳屎也有用处吗?

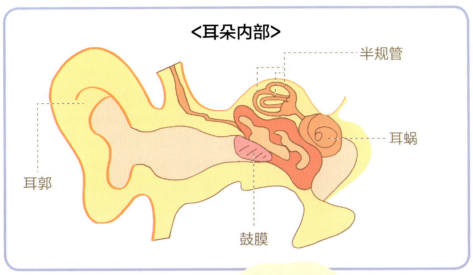

<耳朵内部>

半规管

耳蜗

耳郭

鼓膜

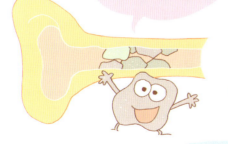

耳朵里有像我们这样的耳屎。

人们偶尔会用耳挖那样的东西把我们挖出来。

啊! 耳挖又伸进来了。

我们也是人体所需要的东西,所以才待在这儿的。

A 耳屎防止细菌或虫子进入耳朵，承担着保护耳部肌肤的责任。

耳屎不是又脏又无用的东西，它在耳朵里负责着重要的事情。

耳屎原本是由像油脂一样的脂肪成分所构成的，这种成分不仅可以消灭进入耳朵的细菌，而且还可以阻止灰尘进入耳内。

同时，耳屎吸附进入耳朵的灰尘，防止虫子进入耳内，进入耳内的虫子哪怕只吸食了少量的耳屎，也会立刻死亡。

因此我们不宜刻意把耳屎全部挖净。即使我们不挖耳屎，它也会在一段时间后自动从耳内排出。

身上为什么会搓出泥垢？

我最讨厌洗澡了。

哎呀，你看看你身上这些泥，这么多泥，还说不洗？

泥？

你看看，这些都是从你身上搓下来的。

都是从我身上搓下来的？

如果没有这些泥，也许就不用经常洗澡了，它们是怎么产生的呢？

A

泥垢是我们的皮肤细胞死亡产生的。

简单地说，泥垢就是我们的皮肤脱下来的皮。我们的皮肤有很多层，最外层是由死亡后的细胞构成的，这些已死的细胞从死亡时间最长的细胞开始依次脱落。

据悉，每天有100亿个以上的皮肤碎块从人体脱落，所以我们家里飘浮着的灰尘中有很多是我们的皮肤碎块。不过在已死的细胞中，有一些细胞粘在身上，未能脱落，这就是泥垢。

所以说泥垢不是附着在我们身上的污垢，而是已死的皮肤细胞，因此无论我们身处多么清洁的地方，泥垢都还是会产生的。

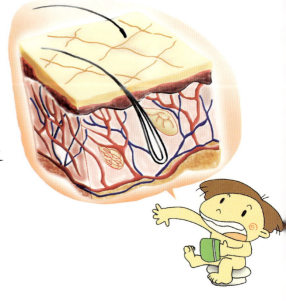

冬眠的动物有什么?

Q⁺ 下列动物中，不冬眠的是哪个?

冬天之所以看不到我，是因为我忙着去睡觉了。

在你们看来，我好像是不冬眠的动物吧? 其实我也是要冬眠的。

1. 蛇

2. 松鼠

唉，好困啊! 看来都到冬天了啊，我得去冬眠了。

我也先冬眠去了，明年春天再出来。明年春天见。

3. 乌龟

4. 燕子

正确答案是第四个。

冬天看不到燕子不是因为它冬眠，而是因为它飞到温暖的南方去了。

　　动物之中，有一些动物整个冬天都只睡觉。

　　代表性动物就是熊，熊在夏秋季节吃得饱饱的，然后到了冬天就进洞睡觉，一直睡到来年春天。熊这样冬眠是因为冬季食物不足，还有就是为了避寒。

　　除了熊之外，冬眠的动物还有蛇、蜥蜴、乌龟等爬虫动物。此外青蛙也会冬眠。

　　蝙蝠、刺猬、地鼠、松鼠、貉子、獾等也会冬眠。然而这些动物中间会醒来吃东西，而不会像蛇或者青蛙那样一直在洞里睡觉。

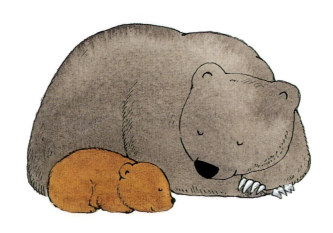

耳朵或鼻子不舒服时
去医院的哪个科室?

A

耳朵或鼻子不舒服时去耳鼻喉科。

我们生病的时候会去医院。但医院里有很多不同种类的科室，所以根据生病部位的不同，选择的科室也不同，那是因为每个科室治疗的部位不同。

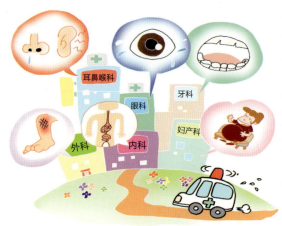

下面让我们一起看一下每个科室所负责的工作。

- **眼科**：治疗眼部疾病的地方。
- **牙科**：治疗受损牙齿的地方。
- **耳鼻喉科**：耳朵、鼻子、喉咙不舒服时去的地方。
- **外科**：对身体的外伤进行治疗或手术的地方。
- **内科**：治疗体内疾病的地方。
- **骨科**：骨折或骨头受伤时去的地方。
- **妇产科**：怀有小孩的妈妈们去的地方。
- **皮肤科**：皮肤出现异常时去的地方。
- **儿童与青少年科**：治疗儿童疾病的地方。